DE L'ÉTAT ACTUEL

DE LA CARTOGRAPHIE

EN EUROPE,

ET PARTICULIÈREMENT EN FRANCE,

A PROPOS DE L'EXPOSITION UNIVERSELLE,

PAR M. VIVIEN DE SAINT-MARTIN,

Ex-Secrétaire général de la Société de géographie,
Membre correspondant des Sociétes géographiques de Russie et de Francfort,
Membre honoraire de la Société de géographie de Berlin.

EXTRAIT DU BULLETIN DE LA SOCIÉTÉ DE GÉOGRAPHIE.
(Octobre et novembre 1855.)

PARIS,

IMPRIMERIE DE L. MARTINET,

RUE MIGNON, 2.

1855

DE LA CARTOGRAPHIE EN EUROPE,

A PROPOS DE L'EXPOSITION UNIVERSELLE.

———

M. Vivien de Saint-Martin, que la Société, dans sa séance du 19 octobre, avait chargé de lui faire un rapport sur les cartes géographiques envoyées à l'Exposition universelle, a donné lecture des considérations suivantes dans la séance du 2 novembre.

La Société, dans sa dernière séance, avait désiré qu'un rapport lui fût présenté sur l'ensemble des produits géographiques de l'Exposition universelle, et elle m'avait fait l'honneur de me désigner à cet effet, conjointement avec notre très honorable collègue M. Garnier.

Mais M. Garnier, qui n'avait fait au moment même que de faibles objections, a éprouvé bientôt un scrupule sérieux. Auteur lui-même d'un grand et bel Atlas qui doit figurer, bien que non achevé encore, dans les derniers jours de l'Exposition, notre honorable collègue n'a pas cru, devant être jugé, qu'il lui fût permis d'accepter les fonctions de juge. On peut trouver, et moi, Messieurs, plus que personne, cette réserve exagérée; j'ai dû cependant la respecter, et dès lors la tâche tout entière est retombée sur moi, qui suis loin de me croire capable de la bien remplir,

Cette tâche, d'ailleurs, s'est trouvée plus embarras-
sante et plus difficile que je n'avais pu le prévoir; et
si le terme très rapproché de la clôture de l'Exposition
l'eût permis, j'aurais certainement prié aujourd'hui
la Société de me décharger du fardeau, ou de m'ad-
joindre, pour le rendre moins lourd, quelqu'un de
nos collègues que son expérience et ses lumières auraient pu désigner. Dans l'impossibilité de reconstituer
une Commission en temps utile, je me suis décidé à
vous apporter aujourd'hui, Messieurs, non pas un
rapport dans l'acception solennelle du mot, avec la
maturité d'examen et l'autorité d'appréciations qu'aurait pu lui donner l'adjonction d'un ou de plusieurs
de nos savants collègues, mais simplement la très
modeste expression de mes appréciations personnelles.

La première difficulté qui s'est rencontrée dans
l'examen des envois géographiques de l'Exposition a
été une difficulté matérielle, mais très grave et très
sérieuse : c'est celle qui résulte du singulier éparpille-
ment des morceaux exposés. Non-seulement les nationalités diverses se trouvent isolées, mais les envois de
chaque nationalité ont été soumis à une dissémination
qu'on a peine à comprendre. Assurément, Messieurs,
il faut que les embarras du classement aient été bien
graves, pour que la Commission impériale n'ait pu
les surmonter plus heureusement, et l'on doit plaindre
sincèrement les peines qu'elle a dû prendre si on les
mesure à l'imperfection du résultat. J'aime à croire,
cependant, que ses lumières et ses efforts ont eu de
meilleurs résultats dans les autres parties de cette
immense exhibition de l'intelligence humaine.

Mais pour la géographie, je le répète, on cherche

inutilement à saisir la pensée qui a dû présider, dans cette branche de l'Exposition comme dans les autres, à la disposition de l'ensemble et au classement des détails. Après plusieurs séances longues et laborieuses à travers l'inextricable dédale de ce vaste bazar, je ne me flatte pas d'avoir pu rencontrer tout ce que j'aurais voulu voir, ni d'avoir suffisamment examiné tout ce que j'ai pu rencontrer. Si toute la géographie de l'Exposition avait été classée dans une seule et même catégorie, si l'on eût pu embrasser d'un coup d'œil l'ensemble des cartes envoyées des diverses parties de l'Europe et de l'Amérique, c'eût encore été une tâche longue, difficile, et délicate à plusieurs égards, d'en étudier les détails et d'en apprécier l'importance relative. Qu'on juge donc ce que doit être cette tâche avec la disposition actuelle. Aussi je le répète, Messieurs, je n'ai pas eu la pensée de la pouvoir remplir dans toute son étendue, ou pour mieux dire je n'ai même pas voulu l'aborder. Les quelques réflexions que je vais avoir, si vous le permettez, l'honneur de vous soumettre, sont plutôt les rapides impressions du touriste que l'étude élaborée de l'explorateur.

A première vue, les nombreux produits de la cartographie se classent naturellement sous plusieurs divisions. En premier lieu, nous voyons se déployer devant nous dans leur immense développement les cartes topographiques et chorographiques, exécutées aux frais des divers gouvernements de l'Europe, par les ingénieurs de l'État, ainsi que les relevés hydrographiques qui en sont le complément ; puis à côté ou au-dessous de ces grands monuments viennent se ranger les cartes établies en vue d'applications parti-

culières : d'abord les cartes géologiques, dont notre
École des mines présente de si admirables modèles ;
puis les cartes des ponts et chaussées, où sont figurés
dans tous leurs détails les voies de communication
fluviales et terrestres qui sillonnent l'ensemble du
pays ; puis enfin les cartes industrielles proprement
dites, indiquant les grands centres et les ramifications
de chaque industrie nationale, et permettant d'en reconnaître immédiatement les rapports tant avec les
ressources et les productions du sol qu'avec les moyens
d'exploitation et de transport. Si importantes que
soient ces dernières cartes, dont l'Exposition présente
pour les provinces autrichiennes d'intéressants échan-
tillons, elles commencent à sortir de notre cadre :
c'est une application, et une application fort importante, de la géographie ; ce n'est plus de la géographie
dans l'acception stricte du mot.

Les cartes appropriées à la première éducation nous
y ramènent, et elles en forment une division digne de
la considération la plus sérieuse. Parmi les morceaux de
cette classe, j'ai surtout remarqué les grandes cartes mu-
rales de Sydow, du Comptoir géographique de Perthes,
à Gotha. La charpente orographique des diverses parties du monde, et conséquemment la circonscription
des bassins maritimes y sont fort bien indiquées ; les
jeunes gens ne peuvent recevoir, avec de telles cartes
sous les yeux, que de bonnes idées sur les grands traits
de la configuration du globe, cette première base des
études géographiques. Les cartes en relief y peuvent
avoir aussi d'heureuses applications, surtout pour
l'enseignement des enfants dont elles excitent et amu-
sent la jeune imagination. Seulement nous croyons

que pour que ces cartes restent d'un usage réellement
utile, on ne doit pas les exécuter au-dessous d'une
échelle moyenne. Trop petites, elles ne présentent
plus qu'un ensemble confus, ou des images fausses à
force d'être exagérées. Il faut un certain développement à ces sortes de représentations figurées, pour
qu'on en puisse suivre les détails avec quelque fruit
et qu'on en reçoive une impression profitable.

Nous arrivons à la dernière et principale catégorie
des représentations géographiques, je veux dire aux
cartes proprement dites, tant générales que particu-
lières, des différentes contrées du globe. C'est surtout
ici que les considérations d'art et de science qui se
rattachent à la cartographie usuelle auraient pu recevoir d'utiles développements au sein d'une Commission formée en temps utile et suffisamment composée.

Les cartes topographiques levées et gravées aux
frais des gouvernements, ne sauraient être pour nous,
malgré leur perfection, ou plutôt à cause de cette
perfection même, l'objet d'un bien long examen.
Devant ces magnifiques produits de la science géodé-
sique et de la gravure, on ne peut que s'incliner et
admirer. La France, la Belgique, la Hollande (1), l'An-

(1) Parmi les grandes cartes officielles des États de l'Europe, nous
nous plaisons à signaler comme digne d'une mention des plus honorables la magnifique carte que fait construire en ce moment le gouvernement néerlandais. Cette carte, à l'échelle d'un 50,000^e, aura
soixante-deux feuilles; onze sont terminées et toutes les autres en
cours d'exécution. Quoique gravée sur pierre, elle peut rivaliser avec
les feuilles les plus parfaites de notre admirable carte de France,
par la finesse du burin et la douceur harmonieuse du ton général.
C'est une œuvre qui fait le plus grand honneur au bureau topogra-

gleterre, les États du nord, la Prusse, l'Allemagne, la Russie, la Suisse, la Sardaigne et d'autres États de l'Italie, possèdent des cartes de leur territoire établies sur un large réseau astronomique et géométrique, où l'art de la représentation des reliefs du sol est arrivé à sa dernière limite. De telles cartes ne sont et ne sauraient être une œuvre individuelle : aussi aucun nom n'y est-il attaché. C'est l'œuvre d'un siècle et d'une nation. Et comme leurs bases trigonométriques sont toutes reliées entre elles à leurs points de contact, il en résulte qu'en réalité l'Europe a sa carte générale partiellement exécutée par chaque nation pour son territoire propre. Il en est de même de l'exécution graphique; telle en est à peu près partout la commune perfection, qu'il serait difficile d'assigner une place plus ou moins élevée aux artistes des différents États chargés de fixer sur le métal les dessins des ingénieurs. On peut dire que pour les grands travaux topographiques il y a non pas une école anglaise, ou italienne, ou française, ou allemande, mais une école européenne.

Il n'en est plus ainsi pour la géographie proprement dite, ou, pour être plus exact, pour la cartographie. Ici plusieurs nationalités y sont aujourd'hui bien nettement accusées. Il serait aussi intéressant qu'instructif de remonter à la source de ces distinctions et d'en rechercher la cause. Mon intention n'est pas d'entrer dans le vif du sujet ni d'en parcourir toute l'étendue; je ne veux, je l'ai dit, que soumettre

phique de La Haye. Nous aimons à rendre hommage au zèle scientifique d'un gouvernement et d'un pays dont les travaux, éminemment profitables à la géographie, ne sont ni assez répandus chez nous, ni assez connus.

à mes collègues quelques rapides appréciations, et en même temps quelques considérations que je crois importantes.

Si l'on rapproche et que l'on compare entre elles les meilleures cartes qui depuis vingt ans ont été publiées en Europe, on voit se détacher trois écoles d'un caractère bien tranché et d'une portée inégale, l'école anglaise, l'école allemande et l'école française. Il est toujours délicat d'attacher des noms propres à des appréciations de cette nature. Néanmoins, il suffit d'être un peu familier avec les productions de John Arrowsmith, où les documents officiels et les itinéraires des voyageurs sont si habilement mis en œuvre et rendus avec une si grande finesse d'exécution, aussi bien qu'avec les cartes allemandes signées des noms de Henri Kiepert et d'Augustus Petermann, où la science consommée du géographe et de l'érudit, l'habileté du dessin et la perfection de la gravure se trouvent réunies d'une manière si remarquable; il suffit, dis-je, de connaître ces cartes de John Arrowsmith, de Petermann et de Kiepert pour attacher un sens précis à cette expression que j'emploie pour rendre ma pensée d'une manière concise, d'*école* anglaise et d'*école* allemande. Je voudrais pouvoir caractériser de même ce que je nomme l'*école* française; mais la rigoureuse impartialité oblige ici de reconnaître que si la généralité de nos cartes, — j'entends nos cartes courantes, celles qui couvrent les montres de nos marchands, et qui de leurs cartons se répandent dans nos écoles et dans nos bibliothèques, — l'impartialité, dis-je, oblige de reconnaître que si nos cartes se distinguent de celles que j'ai signalées chez nos voisins, ce n'est ni par la

1*

supériorité de la science, ni par celle de l'exécution. Nous aurions à citer, je le sais, de remarquables exceptions. La cartographie moderne, par exemple, ne pourrait, sous aucun rapport, ni pour la beauté de l'exécution graphique, ni pour l'étude approfondie de la composition, rien mettre au-dessus des cartes de la France ancienne et moderne publiées, il y a cinq ans, par M. Walckenaer, un des fondateurs de notre Société et qui pendant de longues années en fut une des lumières. Ce que je connais du futur Atlas de notre savant et zélé collègue M. Garnier, sort aussi du niveau commun et se distingue autant par la beauté de l'exé-cution matérielle que par la consciencieuse étude des meilleures sources. On pourrait sans doute encore alléguer d'autres exceptions également honorables; mais ces exceptions mêmes n'en font ressortir que plus tristement l'infériorité du gros de notre production cartographique. Si triste que cela soit à dire, ce n'est pas en dissimulant l'évidence qu'on pourra changer l'état des choses. Ailleurs ainsi que chez nous, sans doute, il y a pour les cartes des ateliers dont la préoccupation principale est le bon marché du prix de revient, accompagné d'une certaine habileté rou-tinière qui suffit à la masse des consommateurs. De tout temps comme aujourd'hui, le métier a partout dressé son enseigne, peu soucieux de la science et beaucoup du profit. Mais du moins faut-il qu'au-dessus de la fabrication courante un nom se détache qui représente la science et l'art véritable.

Et cependant, Messieurs, la France a longtemps tenu le sceptre de la science géographique et de la composition des cartes. Au lieu de déplorer stérilement cet état d'infériorité actuelle que l'évidence des faits nous oblige de confesser, il serait plus utile d'en rechercher la cause : connaître la source du mal, c'est être déjà sur la voie de la guérison.

Un aperçu rétrospectif de l'histoire des études géographiques en France depuis un siècle et demi est avant tout nécessaire. Dans cette branche d'études comme dans toutes les autres, il y a un enchaînement de causes et d'effets qu'il importe d'étudier et de constater.

Une des gloires de la France, nous pouvons du moins le rappeler avec orgueil, est d'avoir été, avant aucun autre pays de l'Europe, le siége des grandes études géographiques. Quoique rejeté dans l'ombre par les noms illustres dont il fut le précurseur, le nom des Sanson n'est cependant pas sans quelque gloire à l'époque de la renaissance ; mais ce sont les travaux de Guillaume Delisle qui marquent, avec le commencement du xviiie siècle, l'ère véritable de la géographie moderne. Notre Académie des Sciences venait récemment d'être fondée (1666) ; et sous l'inspiration du grand Cassini, que Colbert avait su attacher à la France, un vaste ensemble d'expériences, d'observations et de voyages avait été poursuivi non-seulement à Paris et dans l'intérieur du royaume, mais en diverses parties de l'Europe et dans les contrées lointaines de l'Amérique et de l'Asie. Ces observations, en indiquant la situation exacte d'un grand nombre de points du globe par rapport à notre méridien, mettaient en évidence ce qu'on avait soupçonné depuis longtemps sans qu'on eût osé jusque-là en entreprendre la réforme, je veux dire l'excès énorme des

longitudes de Ptolémée. Delisle le premier attaqua
d'une main ferme et sûre le vieil édifice de la géographie ptoléméenne, et sur ses débris on vit s'élever glo-
rieusement la mémorable mappemonde de 1700, qui
ramenait enfin le monde à ses proportions véritables.
Delisle était un homme d'étude, comme doit l'être
tout véritable géographe ; et s'il fut en partie dirigé
dans ses premiers travaux par les conseils du véné-
rable Cassini, il avait aussi beaucoup profité des
entretiens de Fréret, le premier qui ait sérieusement
appliqué les lumières de la géographie actuelle à
l'éclaircissement de l'ancienne géographie. L'exécution
matérielle des cartes de Delisle, comparée aux cartes
antérieures, témoigne également d'un progrès considérable ; car une remarque qu'il importe de faire,
c'est que la netteté et les bonnes proportions du dessin
d'une carte tendent toujours à se mettre en rapport
avec le degré d'étude dont sa rédaction a été l'objet.

Quelque importante qu'eût été la réforme de Delisle,
ce n'était cependant qu'un premier pas ; d'Anville,
un demi-siècle plus tard, allait accomplir un progrès
plus sensible encore et plus complet, dans le temps
même où François Cassini, petit-fils du grand astro-
nome, concevait le projet et commençait l'exécution
de la carte topographique de la France à laquelle il
a laissé son nom, œuvre mémorable qui est restée
le premier modèle des grands travaux chorographiques exécutés depuis lors en Europe. Delisle avait
seulement touché aux traits d'ensemble et aux con-
tours extérieurs ; d'Anville allait embrasser tous les
détails dans leur diversité infinie. Delisle, ramenant
en partie le dessin de ses cartes aux proportions de la

(13)

nature, avait notablement adouci les monstrueuses
gibbosités qui figurent les montagnes dans les cartes
encore grossières du xvii° siècle; à d'Anville était ré-
servé d'achever cette première réforme, et d'associer
la parfaite élégance du dessin, la proportion des détails et l'harmonie de l'ensemble, à l'analyse approfondie des sources, à l'exactitude de la nomenclature
et à la détermination rigoureuse des positions. Cette
perfection des cartes de d'Anville est d'autant plus
digne d'admiration, qu'elle était sans antécédents et
sans modèles. Pour le fond même des études qu'elles
résument, on peut les regarder comme l'expression,
et l'expresssion la plus complète, des tendances du
xviii° siècle. La géographie savante était alors en grand
honneur au sein de l'Académie des Inscriptions, où
les fréquentes lectures de de la Nauze, de Bougainville,
de Gibert, de de la Barre, de Bonamy, et surtout
celles du profond et judicieux Fréret, captivaient l'attention et devenaient l'objet des fructueuses contro-
verses. D'Anville s'était nourri de ces fortes études;
et son génie, déterminé peut-être, mais certainement
entraîné par ce mouvement de l'érudition vers la res-
titution du monde ancien, produisit cette longue suite
de mémoires et de cartes qui remplissent tout un
demi-siècle, et qui sont restés comme autant de modèles, ceux-là pour la discussion, celles-ci pour l'expression figurée des éléments géographiques.

Le milieu où vécut d'Anville peut donc expliquer
la direction de ses travaux; mais ce que rien n'ex-
plique, si ce n'est son propre génie, c'est la perfection
extérieure de ses cartes. Comme tous les grands
maîtres, il en avait puisé le sentiment en lui-même,

1**

et il l'avait réalisée dans sa pensée avant que le crayon
et le burin ne lui donnassent une forme sensible. Pour
arriver à ce résultat qui nous étonne encore aujour-
d'hui, d'Anville avait dû tout créer et tout former
autour de lui, tout, jusqu'à ses graveurs. Il faut comparer les belles pages de son Atlas aux cartes qui se
publiaient dans le même temps en Angleterre, en
Allemagne et dans les autres pays de l'Europe, si l'on
veut se former une idée exacte de la prodigieuse supériorité que d'Anville avait donnée tout à coup à la
cartographie française.

Malheureusement d'Anville emporta avec lui le
secret de sa rare élégance, en même temps que le
don de sagacité presque intuitive empreint dans tous
ses travaux. Ses élèves, s'il en avait formé, n'avaient
su garder aucune des supériorités du maître. Bientôt
éclatèrent les tempêtes de 89 et de 92; et dans ce san-
glant holocauste de tout le passé de la France, ce qui
pouvait rester de traditions dans les ateliers où les
planches de d'Anville avaient été gravées acheva de se
perdre. Les cartes exécutées chez nous dans les dernières années du xviii° siècle et au commencement
du siècle actuel témoignent assez de cette rapide
décadence. Pour nous relever de cette décadence il
aurait fallu un autre d'Anville ; mais la géographie,
moins heureuse que d'autres études, n'a pas rencontré
jusqu'à présent cette génération continue d'hommes
supérieurs qui se transmettent sans interruption le
sceptre de la science. La France, cependant, a eu
dès le commencement de notre siècle un homme
instruit et habile, qui pendant quarante ans de sa vie
a produit un nombre immense de cartes qui méritent

à beaucoup d'égards la haute réputation dont elles ont joui et qu'elles conservent encore ; comment donc la décadence n'a-t-elle pas été conjurée ?

Quelque pénible que cela soit pour moi, Messieurs, pour moi qui comme beaucoup d'entre vous ai connu et aimé M. Lapie et qui rends pleine justice à ses talents, le respect pour la vérité l'emporte sur toute autre considération. Non, M. Lapie n'a pu conjurer la décadence de la cartographie française, et peut-être même, malgré l'élégance relative qu'il lui a un moment rendue, a-t-il puissamment contribué, en définitive, à la pousser dans la voie fatale où elle est entrée. Excellent dessinateur, et bien au courant des sources en ce qui se rapporte aux cartes étrangères et aux matériaux manuscrits que les expéditions de l'Empire faisaient affluer dans nos Dépôts, ne manquant pas d'ailleurs de l'habileté nécessaire pour la discussion des itinéraires et la combinaison des matériaux, M. Lapie réunissait incontestablement une grande partie des qualités nécessaires au géographe savant. Il les aurait eues toutes, je le crois, si le côté commercial de ses travaux ne l'eût poussé à une production multipliée, au milieu de laquelle il est impossible de réserver à la pensée le temps nécessaire pour la maturité des recherches, aussi bien que pour la critique des matériaux et la lente élaboration des éléments accumulés. D'Anville, Messieurs, a consacré quinze années entières à la publication seule de ses grandes cartes générales des parties du monde, qui ne forment que vingt-trois feuilles de moyenne grandeur, et cela avec un travail de treize à quatorze heures chaque jour dont aucune préoccupation étrangère à ses travaux ne le détourna jamais un seul instant ; ce n'est guère que trois feuilles en deux années, et c'est assez pour un travail de cette nature, alors même qu'on s'y est préparé, comme l'avait fait notre grand géographe, par vingt années assidues d'études silencieuses. La prodigieuse activité de la production, chez M. Lapie, n'est pas d'ailleurs la seule cause qui ait enlevé même à ses meilleurs travaux une partie de la supériorité qu'il aurait pu leur donner ; il en est une autre non moins fatale et qu'il a léguée à ses imitateurs, c'est la recherche exagérée des détails.

Permettez-moi, Messieurs, d'insister sur ce point, car nous allons toucher à une des grandes plaies de notre cartographie actuelle.

Quand je parle de l'exagération des détails, il ne faudrait pas prendre mes paroles dans un sens trop absolu ; car à cet égard elles sembleraient en contradiction avec beaucoup de parties des cartes de d'Anville. Mais chez ce grand maître, auquel il faut toujours revenir pour y chercher des modèles, jamais le détail n'engendre la confusion ; jamais la clarté n'en est altérée, non plus que l'harmonie de l'ensemble. C'est que chez lui rien n'est jeté au hasard ni laissé à l'arbitraire du graveur ; tout, jusqu'au moindre mot, est étudié et combiné de manière à recevoir la meilleure disposition possible et à s'harmoniser avec les détails environnants. On sent bien qu'un tel soin est éminemment œuvre d'artiste ; comment l'obtiendrait-on, l'eût-on pris soi-même, de celui qui chargé de transporter votre dessin sur le cuivre, doit supputer avant tout les heures que le travail exige, et qui regarde comme perte de temps ce qui peut le détourner

de l'exécution la plus rapide ? Mais ceci n'est pas tout
encore. Bien qu'en s'attachant à reproduire avec la fidé-
lité la plus scrupuleuse le contour des côtes et les
sinuosités des rivières dans les contrées bien connues,
d'Anville n'aurait jamais eu la pensée de transporter
dans les parties connues seulement par des reconnais-
sances approximatives ou de simples descriptions, cette
affectation d'exactitude minutieuse qui devient ici une
véritable infidélité, car elle n'est propre qu'à donner
de fausses notions. Depuis lui, nous avons vu les
rivières de toutes les contrées du monde indistinctement, qu'elles fussent bien ou mal connues, présenter
le même aspect d'un courant contourné, revenant
ainsi à ce système tourmenté que présentaient, par
exemple, les cartes de Cellarius au commencement du
dernier siècle. Enfin, et ceci est le reproche le plus
grave que nous ayons à faire au système introduit
par M. Lapie dans le dessin des cartes, l'abus des
montagnes a été poussé à un degré presque incroya-
ble. Non-seulement on a prétendu représenter dans
leur aspect véritable toutes les chaînes principales
d'une région (nous reviendrons tout à l'heure sur ce
point), mais on n'a pour ainsi pas laissé un seul in-
tervalle de rivières sans y pousser des embranchements, destinés, croyait-on, à donner un aspect pittoresque à l'ensemble par le chatoiement des ombres
et des lumières. Il est bien entendu que nous n'en-
tendons pas parler des morceaux à grand point qui
permettent ces détails et ces effets de topographie,
mais seulement des cartes à petite échelle telles que
sont nécessairement les cartes générales de toute une
contrée. Dans celles-ci cette recherche d'effets de mon-

tagnes n'est pas seulement inutile, elle est mauvaise
et nuisible sous tous les rapports. D'abord elle est
fausse ; car là où le terrain présentera en réalité une
ondulation de quelques centaines de mètres, elle devra
produire, eu égard à l'échelle, un soulèvement de
plusieurs lieues de base. En second lieu, elle nuit
inévitablement à la netteté du plan, en couvrant la
carte de hachures qui l'assombrissent et empêchent
de lire les noms de lieux, qui eux-mêmes coupent
dans tous les sens, de la manière la plus disgracieuse,
le trait des rivières et les noms de provinces ou de
districts. Pis que tout cela, s'il est possible, cette dé-
plorable recherche d'effets de montagnes livre la carte
tout entière à la fantaisie du graveur : le dessin du
cartographe n'est plus dès lors pour celui-ci qu'une
sorte de livret sur lequel le burin peut broder au gré
de ses caprices ou de l'habileté manuelle de l'artiste,
la carte étant réputée d'autant plus belle qu'il y aura
jeté ainsi plus d'*effets*. Au milieu de cette recherche
pour le moins puérile du joli et du pittoresque, que
deviennent, je le demande, la seule recherche qui
soit permise au géographe, celle de l'exactitude basée
sur la critique des sources et de la véritable élégance
géographique, celle qui résulte de la disposition harmonieuse et sobre des détails? Il est bien clair qu'une
œuvre qui a ainsi dévié, en des conditions si essen-
tielles, du caractère et du but qui lui sont propres,
a cessé d'être une production scientifique, et n'est
plus qu'une marchandise qui cherche par des moyens
factices à capter l'acheteur, dont elle fausse les notions et pervertit le goût.

Au milieu même du règne de M. Lapie s'éleva une

réputation rivale, qui arriva bientôt à conquérir sur le marché une place importante et une réelle autorité. Vous avez tous nommé M. Brué. Je voudrais avant tout faire à chacun sa part équitable, quelque sévères que puissent être les requisitions de la science. M. Brué était un homme remarquablement intelligent, doué sinon d'un grand fonds de science acquise, au moins de cette volonté ferme et tenace dont parle le poéte, et qui peut arriver dans une certaine mesure à suppléer aux lacunes premières de l'éducation. Il comprit bien vite que pour se créer une place à côté de M. Lapie, il fallait se frayer une autre route. Après quelques tâtonnements préliminaires, sa manière fut fixée. Ses cartes ont en effet un aspect tout autre que celles de M. Lapie. Une très grande clarté en est le cachet distinctif. Cette clarté provient surtout de l'élimination des détails qui seraient de nature à charger le plan, et aussi en grande partie de l'emploi beaucoup plus restreint des embranchements de montagnes, avec un soin tout particulier d'éviter dans la cartographie les tons noirs que d'autres y jetaient à dessein pour obtenir des contrastes. Les chaînes de montagnes sont d'ailleurs rendues par un système notablement différent de celui des cartes de M. Lapie ; et ce système, que je n'essaierai pas de caractériser, puisqu'il est connu de tous, est celui qui a conquis dès lors le plus grand nombre d'imitateurs. S'il fallait opter, en effet, entre les deux, c'est celui que je choisirais, parce qu'il charge moins que la manière de M. Lapie et laisse ainsi plus de clarté à l'ensemble ; mais je les crois mauvais tous les deux. Je dois dire sur quels motifs se base ma conviction.

On a manifesté, dans nos nouvelles écoles cartographiques, un grand dédain pour le système suivi
par d'Anville pour exprimer les montagnes ; ces im-
perceptibles accents circonflexes, accompagnés de très
légers traits d'ombres, ont, à ce qu'il paraît, été trou-
vés fort ridicules. Ce dédain est plus qu'injuste, il est
malhabile. A priori, une manière dont notre grand
géographe a tiré si bon parti, même au point de vue
de l'élégance, méritait plus de considération ; mais
de plus, si l'on va au fond des choses, il est aisé de
montrer qu'elle est plus vraie que toutes celles qu'on
lui a substituées. Il est bien entendu, je le répète, que
je n'entends parler que des cartes à petite échelle,
telles que les cartes générales d'une partie du monde
ou d'une grande contrée. Ces signes ne sont qu'une
convention : soit ; mais que sont donc les vôtres, si
ce n'est une convention d'une autre sorte, seulement
plus éloignée de la vérité ? Les petits accents de d'Anville sont du moins à l'échelle de la carte, et ils indi-
quent suffisamment l'axe des grandes chaînes et les
sinuosités des chaînes secondaires, les seules choses
qui se puissent exprimer sur les cartes générales ; vos
ambitieux massifs, avec les accidents supposés qu'y
jette le burin et les pentes qu'il y figure, n'arrivent
qu'à grossir dix fois, vingt fois peut-être, le trait géographique, sans aucun profit pour l'expression du
relief, et au grand détriment de la clarté de la carte.
Le jour où l'on abandonnera ces méthodes récentes,
nécessairement mensongères au-dessous d'une certaine échelle, et que l'on aura repris les signes de
d'Anville pour l'indication des montagnes, ce jour-là
on sera rentré dans la voie de la bonne et saine tra-

dition malheureusement abandonnée depuis un demi-siècle.

Est-ce à dire que dès lors nous pourrons espérer de voir renaître chez nous la supériorité que la France a eue si longtemps dans le domaine cartographique? Hélas! d'autres conditions plus difficiles resteront à remplir avant d'avoir reconquis la position glorieuse que d'Anville nous avait donnée. La première — ou plutôt l'unique, car toutes les autres rentrent dans celles-là, — c'est qu'entre les mains d'un homme en qui se trouveront réunies les capacités nécessaires, la géographie redevienne une science pure et non plus un commerce. Une telle transformation est-elle actuellement possible, et la position exceptionnelle de d'Anville pourrait-elle se retrouver? Je le désire sincèrement, plus que je ne l'espère. Il n'est pas commun, je crois, qu'un homme indépendant déjà par sa fortune se voue pendant de longues années à des études préliminaires qui demandent une vocation tout à fait spéciale, pour s'astreindre ensuite à un travail assidu de toute la vie; et d'un autre côté la carrière géographique, si l'on en sépare toute préoccupation commerciale, n'est pas de celles qui peuvent conduire à un grand dédommagement pécuniaire. La réunion des matériaux est trop coûteuse, l'élaboration trop longue et le produit trop faible. Je ne voudrais pas comparer la position particulière que la sollicitude de l'Académie et la munificence d'un prince, ami des lettres avaient faite à d'Anville, avec la condition actuelle de l'homme de lettres et du savant livré à ses seules ressources; mais il est bien évident que la réunion des conditions nécessaires à l'édification d'une grande œuvre géographique devient chaque jour plus difficile.

Et puis, faut-il le dire, l'indifférence générale pour les études purement spéculatives y apporte un obstacle de plus. On a de bonnes cartes marines pour les besoins de la navigation ; pour ceux de la guerre et de l'industrie, on a les magnifiques cartes officielles : que faut-il de plus ? Pour l'éducation des enfants et même pour la lecture de nos livres d'histoire, des cartes quelconques ne sont-elles pas suffisantes, surtout si elles ne coûtent pas beaucoup d'argent ? Tel est le raisonnement de la masse, et l'on ne peut nier qu'au point de vue strictement utilitaire il ne soit concluant. Qu'importe, quand on se place à ce point de vue, qu'une nation possède un corps complet de géographie scientifique, où les notions acquises sur toutes les parties du globe soient consignées dans une suite de cartes uniformes, et où le flambeau de la géographie actuelle projette sa clarté sur la géographie des temps anciens et sur celle du moyen âge ? De quelle utilité pratique sera cette œuvre de géographie savante, pour les besoins journaliers de la vie et le développement de la fortune publique ? Les temps actuels ont d'autres tendances et d'autres préoccupations. Mais celles d'une société telle que la nôtre sont d'une nature plus élevée. Vous croyez, et je crois comme vous, Messieurs, que la grandeur d'une nation et d'un siècle, et leur place définitive dans l'histoire du monde, s'appuient sur autre chose que sur le développement de la force industrielle, même quand l'industrie peut enfanter ces merveilles que nous voyons en ce moment se dérouler sous nos yeux. Et c'est parce que telle est notre pensée commune, que j'ai pu exprimer librement ici les regrets que nous inspire à tous l'état d'affaissement actuel d'une branche d'études et de travaux qui a eu si longtemps une part considérable dans les gloires scientifiques de la France.

Maintenant, Messieurs, vis-à-vis de ce tableau presque décourageant et malheureusement trop vrai, une question se présente naturellement; on se demande par quelles causes l'Angleterre et l'Allemagne du nord, placées à ce qu'il semble dans des conditions de vie intellectuelle semblables aux nôtres, ont marché en sens inverse dans les voies de la cartographie critique? comment, de l'état pour le moins très médiocre où elles étaient l'une et l'autre sous ce rapport il y a un quart de siècle à peine, elles sont montées au premier rang, tandis que nous, qui avons tenu le sceptre et pouvions garder les traditions, nous sommes arrivés à notre place actuelle?

Je vous l'ai dit, Messieurs, je ne veux pas entrer en ce moment au cœur d'une pareille question, à laquelle se rattacheraient des considérations de plus d'une sorte, et qui m'entraîneraient inévitablement à de trop longs développements. Je dois me borner à indiquer sommairement les causes de ce double fait telles que je crois les apercevoir.

Pour l'Angleterre, je vois cette cause d'un progrès rapide dans la salutaire action de la Société royale de géographie.

Vous savez de quels éléments se compose le précieux recueil que notre sœur la Société de Londres publie sous le titre de *Journal.* Les dissertations, les théories, les recherches purement savantes y tiennent peu de place ; tout y est actuel et pratique. Ce sont des relations de toutes les contrées du monde, incessamment parcourues par les explorateurs britanniques. Il ne se passe guère de semaine sans que les presses de Londres ne jettent dans la circulation un ou plusieurs livres de voyages ; mais sauf de rares et grandes exceptions, aucune de ces publications, communément entachées de ce vice contagieux que les Anglais ont si bien nommé le *book making*, n'a la valeur des morceaux concis et substantiels qui composent le Journal de la *Geographical Society*. C'est là que se trouve la substance de cette branche de littérature, si étendue chez nos voisins et qui a pour eux tant d'importance. Or, on sait quelle place notable tiennent les cartes dans une relation sérieuse ; le Journal de la Société de Londres doit donc en renfermer un grand nombre. Et comme les cartes attachées à de telles relations, et publiées d'ailleurs au nom d'une Société considérable, ne pouvaient être ni communes ni négligées, elles ont dû être l'objet d'un soin particulier. M. John Arrowsmith, fils de l'ancien géographe de l'amirauté, a répondu dignement à ces vues, et ses ouvrages ont promptement pris place à la tête de la cartographie anglaise. Ce qui achève de démontrer, à mon sens, que telle est bien l'origine de la remarquable supériorité des cartes de M. John Arrowsmith, c'est la comparaison qu'on en peut faire tant avec les cartes anglaises antérieures à l'existence de la Société de géographie, qu'avec celles qui se publient encore actuellement en dehors de son Journal. L'exécution lâche et négligée de la plupart de ces cartes ne peut sous aucun rapport soutenir la comparaison. Nous voyons donc ici se produire un exemple bien remarquable de la puissante influence que peut exercer une société savante là où se porte d'une manière effective sa sollicitude et son concours.

C'est sous une influence analogue à certains égards, mais d'une nature plus générale, que me paraît s'être formée ce que j'ai nommé l'école allemande. Les nombreuses universités que possède le nord de l'Allemagne y ont répandu depuis longtemps et y entretiennent au sein de la jeunesse le goût en même temps que la facilité des fortes études; de là une aptitude générale très favorable aux choses de l'intelligence. Aussi l'histoire et la géographie y sont-elles en grand honneur, ce que témoignent assez le nombre et la nature des livres, des journaux et des revues qui s'impriment au delà du Rhin. Cette propension naturelle de l'esprit allemand a reçu en Prusse une impulsion nouvelle par l'action que M. Alexandre de Humboldt et M. Carl Ritter ont exercée sur le mouvement scientifique de leur pays. L'Allemagne tout entière s'enorgueillit, et avec raison, du vaste monument que M. C. Ritter élève à la géographie, œuvre colossale qui se poursuit sans interruption depuis trente-quatre ans, et qui a valu à son savant auteur une réputation justement européenne. Aussi toute une école est-elle sortie de ce puissant enseignement, et l'œuvre du maître a enfanté à plusieurs reprises d'importants travaux cartographiques. Ceux de M. Kiepert, de Berlin, et de M. Petermann, de Gotha, infiniment supérieurs à tout ce que l'Allemagne avait jamais produit dans le domaine de la cartographie critique, sont certainement dus à cette influence de l'école de M. Ritter.

Ce qui distingue les cartes de ces deux excellents géographes, ce n'est pas seulement, je l'ai dit, la rare perfection du dessin topographique et de la gravure (1), mais aussi la connaissance approfondie des sources et la critique supérieure que leur composition révèle. Le dirai-je, cependant ? Cette perfection que je me plais à reconnaître dans l'exécution de ces belles cartes ne saurait me réconcilier avec le système d'expression des montagnes que MM. Petermann et Kiepert y suivent indistinctement, quelle qu'en soit l'échelle, je veux dire l'introduction de la topographie dans les représentations purement géographiques. L'extrême habileté et la finesse de la gravure y peuvent dissimuler ce que cet amalgame de deux genres essentiellement distincts a de vicieux ; mais que l'exécution en tombe en des mains moins habiles, et ce que cet inévitable défaut de proportion a de choquant sautera bien vite à tous les yeux.

En résumé, nous voyons que les récents progrès de la cartographie critique en Angleterre et dans le nord de l'Allemagne sont dus principalement, sinon d'une manière exclusive, à une double influence également efficace, ici aux publications de la Société de géographie de Londres, de l'autre côté du Rhin à la puissante action d'un haut enseignement géographique. Et maintenant, Messieurs, si nous faisons un retour

---

(1) Les cartes de M. Kiepert et de M. Petermann sont toutes gravées sur pierre, les premières par M. Mahlmann, les secondes par M. Petermann lui-même, ou sous sa direction immédiate.

sur nous-mêmes, pourquoi cette différence qu'il nous faut bien reconnaître dans l'état de la cartographie chez nos voisins et chez nous? Ces influences qui ont eu chez eux une action si heureuse, n'en possédons-nous pas aussi les éléments? L'existence même de notre Société, la plus ancienne de toutes les associations analogues qui, depuis trente ans, se sont formées en Europe et en d'autres contrées du monde, ne témoigne-t-elle pas assez que le sentiment et le goût des sciences géographiques ne sont pas éteints parmi nous ? Ne possédons-nous pas à Paris, dans le Cabinet des Cartes de la Bibliothèque impériale, un magnifique établissement public sans rival en Europe, créé et dirigé par un savant dont nul plus que nous n'est à même d'apprécier l'infatigable zèle? Des hommes d'une haute autorité scientifique ne siégent-ils pas dans nos Académies? Une parole à la fois éloquente et profonde ne remplit-elle pas, avidement recueillie par de nombreux auditeurs, notre chaire de haut enseignement géographique? Pourquoi donc, je le répète, cette différence d'action et de résultats?

Messieurs, je dois dire ici ma pensée tout entière. Oui, nous avons en France, ici même et autour de nous, tous les éléments d'une glorieuse régénération de la science géographique; mais jusqu'à présent ces éléments ne sont peut-être pas suffisamment entrés, avec assez de suite et d'énergie, dans une voie active et pratique. Oui, notre Société a beaucoup fait pour la science, mais elle n'a pas fait encore tout ce qu'elle aurait pu, peut-être même tout ce qu'elle aurait dû faire. Je ne veux quant à présent toucher à aucun détail; cependant parmi les moyens qui sont à la portée de notre Société pour relever chez nous le goût et l'appréciation des bonnes cartes, cette branche capitale de la science géographique qui est à bien dire toute la science, puisqu'elle en est l'expression la plus sensible et la plus complète, parmi ces moyens qui sont à notre portée immédiate, j'en vois un puissant, actif, efficace, sur lequel je me propose d'appeler la sérieuse attention de mes collègues. Une couche épaisse d'indifférence et d'inertie nous enveloppe : c'est seulement au prix d'efforts incessants que nous pourrons vaincre cette indifférence universelle, plus fatale qu'une opposition directe. Quant à moi, Messieurs, je me féliciterai d'avoir eu occasion de vous soumettre ces réflexions, si elles peuvent contribuer à nous rapprocher d'un but qui est notre pensée commune.

9 782016 194782